VENTE

Du Lundi 8 Mai 1905

HOTEL DROUOT, SALLE N° 10

À DEUX HEURES

COLLECTION
D'UN ARCHÉOLOGUE-EXPLORATEUR

PIERRES GRAVÉES
ANTIQUES

M. PAUL CHEVALLIER

MM. ROLLIN & FEUARDENT

COLLECTION

D'UN ARCHÉOLOGUE-EXPLORATEUR

PIERRES GRAVÉES

ANTIQUES

la plupart acquises en Grèce et en Italie, avec quelques objets en marbre, terre cuite et bronze,

ET DONT LA VENTE AURA LIEU A PARIS

HOTEL DROUOT, SALLE N° 10

Le Lundi 8 Mai 1905

A DEUX HEURES PRÉCISES

COMMISSAIRE-PRISEUR

Me PAUL CHEVALLIER

10, rue de la Grange-Batelière

EXPERTS

MM. ROLLIN & FEUARDENT

4, rue et place Louvois, Paris

et 6, Bloomsbury Street, Londres

EXPOSITIONS

PARTICULIÈRE : Chez les Experts, les 5 et 6 Mai, de 2 h. à 5 heures.

PUBLIQUE : Hôtel Drouot, salle n° 10, le 8 Mai (Jour de la Vente), de 1 heure à 2 heures.

CATALOGUE ILLUSTRÉ DE 16 PLANCHES

PARIS — 1905

CONDITIONS DE LA VENTE

Elle sera faite au comptant.

Les acquéreurs paieront *dix pour cent* en sus des prix d'adjudication.

L'exposition mettant le public à même de se rendre compte de l'état et de la nature des objets, il ne sera admis aucune réclamation une fois l'adjudication prononcée.

Paris. — Imp. de l'Art, E. Moreau et Cie, 41, rue de la Victoire.

PIERRES GRAVÉES
ANTIQUES

INTAILLES ET CAMÉES

Les reproductions des pierres gravées se trouvent agrandies sur nos planches dans la proportion d'un demi-diamètre.

1. Sceau prismatique crétois, d'une époque très reculée (vers l'an 3000 avant notre ère). Il représente : 1) un homme assis tenant un vase à anse; 2) un bouquetin; 3) un chien (?), la tête tournée en arrière. L'objet donne une pleine idée du style primitif de la gravure sous l'Empire de Minos. — Trouvé à Koprana, district de Lasethi (Crète), en 1896. — Voir le *Journal of hellenic studies*, t. XVII, pl. IX, 3. — Stéatite brun jaunâtre. — *Planche I.*

2. Sceau prismatique crétois, de même style et de la même époque. Sujets : 1) homme accroupi tenant un objet courbe; 2) animal de facture rudimentaire; 3) ornement floral. — Trouvé près de Lamnon, district de Siteia (Crète), en 1897. — Stéatite brun jaunâtre. — *Pl. I.*

3. Sceau prismatique crétois, d'un type plus allongé et un peu moins ancien (vers l'an 2500 avant notre ère). Sur l'une des faces, un bouquetin; sur l'autre, des branchettes géométrales. — Trouvé dans la province de Mirabello (Crète), en 1896. — Stéatite jaune. — *Pl. I.*

4. — Taureau, à demi agenouillé, la tête levée comme s'il poussait des mugissements; derrière, un palmier. Style mycénien, ou crétois de la dernière époque de l'Empire de Minos. — Sardonyx de forme lenticulaire. — Trouvé en Crète, 1886. — *Pl. I.*

5. Chèvre sauvage, debout sur une base devant un temple, la tête retournée en arrière. Temple et base sont ornés de toute une rangée de ces objets de culte qu'on appelle « cornes de consécration ». Style du numéro précédent, facture vigoureuse. — Cornaline rouge lenticulaire. — Trouvée en Crète et achetée à Athènes. — *Pl. I.*

6. Minotaure à jambes humaines; dans le champ, une petite flèche. Même style. — Cornaline blanche de forme lenticulaire. — Trouvée, en 1895, dans la Crète centrale. — *Pl. I.*

7. Chèvre sauvage allaitant son petit, vers lequel elle tourne la tête; derrière, un arbre feuillu. Même style. — Jaspe rouge lenticulaire. — *Pl. I.*

8. Taureau dans une posture contournée. Très beau style mycénien; surface un peu frottée. — Provenance : Athènes (?). — Jaspe brun lenticulaire, veiné de jaune. — *Pl. I.*

9. Mouflon debout sur une base; dessus, une barre horizontale ornée d'arêtes de poisson. Le corps de l'animal est très finement modelé. Style de l'époque de Minos. — Chalcédoine lenticulaire. — Trouvée en 1897 dans le district de Lasethi (Crète). — *Pl. I.*

10. Bœuf léchant son sabot (prototype des monnaies d'Eretria). Exécution très hardie et très caractéristique de l'art mycénien. — Cornaline brun foncé. — Trouvée en Crète. — *Pl. I.*

11. Deux poules d'eau dans un bouquet de roseaux. Dessin naturaliste, rappelant les monnaies d'Eion. — Hématite. — Achetée en Asie Mineure, mais sans doute de fabrique crétoise. — *Pl. I.*

12. Lion assis devant un palmier. — Agate rubanée. — Trouvée à Mycènes. — *Pl. I.*

13. Vache avec son veau. — Jaspe vert. — Trouvé en Crète. — *Pl. II.*

14. Taureau se relevant; dessus, un bouclier mycénien. — Jaspe vert. — *Pl. II.*

15. Pégase; dessous, un globule. Gravure typique des intailles de Mélos (VIIe siècle avant notre ère). — Stéatite blanche translucide, venant d'Athènes, 1892. — *Pl. II.*

16. Deux poissons (requin et dauphin) et la queue d'un troisième. Fabrique de Mélos. — Stéatite blanche. — Achetée à Athènes, 1898. — *Pl. II.*

17. Cerf. — Stéatite blanche translucide. — Trouvée à Mélos (VIIe siècle avant notre ère). — *Pl. II.*

18. Centaure, la tête retournée en arrière, les deux mains levées (un des plus anciens exemples de ce type). — VIIe siècle avant notre ère. — Stéatite lenticulaire, verte et translucide. — Trouvée à Mélos. — *Pl. II.*

19. Apollon jouant de la lyre. Bordure simple. Intaille d'ancien style, très intéressante. — Scarabéoïde en chalcédoine jaune. Smyrne, 1885. — *Pl. II.*

20. Têtes accolées d'une femme et d'un homme barbu, comme celles des monnaies de Ténédos. Hachures autour du bord. — Scarabée de fabrique ionienne en cornaline rouge. — Acheté à Athènes. — *Pl. II.*

21. Sphinx de face, à double corps, les ailes recroquevillées, la tête coiffée d'une tiare; dans le haut, le disque ailé. Sujet oriental, traité par un Grec. — Saphirine-chalcédoine. — *Pl. II.*

22. Bague d'argent. Un sphinx ailé, d'ancien style, est gravé sur le chaton. — VIe siècle avant notre ère. — Trouvée à Axus de Crète. — *Pl. II.*

23. Lion accroupi, en relief. Travail ionien, à peu près de l'an 500 avant notre ère. — Très belle sardoine rouge, perforée pour être

sertie dans un anneau. — Comparez le n° 330 du Musée de Berlin. — Achetée à Athènes. — *Pl. XI.*

24. Sphinx ailé, saisissant un jeune homme. Le sujet rappelle les Walkyries ou l'Ange de la Mort. — Scarabée d'ancien style, en cornaline. — Trouvé à Corfou. — *Pl. II.*

25. Griffon à gauche; dessous, la lettre Σ. — Scarabéoïde de la fin du Ve siècle, en cristal de roche. — Acheté à Athènes. — *Pl. II.*

26. Sphinx ailé, à gauche, d'un modelé exquis. — Scarabéoïde du Ve siècle, en cristal de roche. — Trouvé à Rethymnos de Crète. — *Pl. II.*

27. Bacchus nu, assis à droite sur un rocher couvert d'une draperie. Il tient à sa main droite un thyrse et à sa gauche, une branche de lierre. La gravure a toute la noblesse du style des ouvrages de la seconde moitié du Ve siècle. — Scarabéoïde en chalcédoine laiteuse. — Trouvé à Chios. — *Pl. II.*

28. Bouquetin debout, à gauche; hachures autour du bord. Ouvrage de la fin du Ve siècle. — Scarabéoïde en cristal de roche. — Acheté à Athènes. — *Pl. II.*

29. Cerf ayant à la place des ramures un col de héron. Type unique et un des premiers exemples des prétendus « grylles ». — Scarabéoïde en chalcédoine (Ve siècle). — Trouvé à Athènes. — *Pl. II.*

30. Apollon, ou peut-être Orphée, jouant de la lyre en allant à droite, comme s'il conduisait une danse. Il est accompagné d'un renard qui lève la tête vers lui, comme s'il aimait la musique. La tête de l'animal est incontestablement d'un renard, mais sa queue n'est pas très épaisse : quelque vieille légende peut avoir associé le renard à la fable d'Orphée. Hachures autour du bord. — Très beau scarabée en sardoine, dans le style de transition du VIe au Ve siècle, d'un travail exquis. Revers taillé en carène, rappelant les pierres de fabrique ionienne. — Trouvé près d'Anactorium. — *Pl. III.*

31. Cratère d'un galbe très pur, rappelant les vases peints de beau style à figures rouges. — (Cat. du British Museum, forme n° CCXIX.) —

Dernier quart du ve siècle. — Scarabéoïde en cristal de roche. — Athènes. — *Pl. III.*

32. Aurige dans un char attelé de deux chevaux au galop. Hachures autour du bord. Travail italo-grec très minutieux (vers 400 ans avant notre ère). — Onyx. — Acheté à Rome. — Fendu. — *Pl. III.*

33. Géant anguipède. Hachures sur les bords. — Scarabée étrusque en cornaline. — Trouvé à Chiusi. — *Pl. III.*

34. Deux hommes nus, debout côte à côte. Le premier est barbu et tient un caducée; le second, imberbe, tient un objet difficile à déterminer. Bords ponctués. — Beau scarabée étrusque en onyx. — Rome. — *Pl. III.*

35. Guerrier nu, coiffé d'un casque à aigrette, une chlamyde sur le dos. A demi-agenouillé, il tient un bouclier rond et lève sa main droite plus haut que l'épaule. Hachures autour du bord. — Scarabée étrusque hellénisant, en cornaline. — *Pl. III.*

36. Femme ailée, drapée dans un long chiton et tenant un vase qu'elle remplit de l'eau d'une fontaine. — Bon scarabée étrusque, en cornaline, à peu près de l'an 400 avant notre ère. — Trouvé à Corneto (l'ancienne Tarquinii). — *Pl. III.*

37. Scène lustrale. Héros barbu, sans draperie, penché devant une fontaine d'où il tire de l'eau, la main gauche levée à la hauteur des sourcils. Dans le champ : ƆAƧT. Hachures autour du bord. Style étrusque hellénisant, du ive siècle. — Scarabée en cornaline. — *Pl. III.*

38. Aurige dans un char attelé de deux chevaux au galop. Hachures sur les bords. — Fin du ve siècle. — Scarabéoïde en pâte de verre translucide. — Trouvé à Athènes. — *Pl. III.*

39. Guerrier nu, la chlamyde ne couvrant que le dos. Il tient une épée et avance la main droite vers un autel allumé, comme s'il prêtait un serment solennel. Ouvrage étrusque très caractéristique, ive siècle. — Scarabée en cornaline. — *Pl. III.*

40. Bouquetin assis à droite, la tête tournée en arrière. — Chalcédoine brun foncé, perforée et d'une forme singulière. — Trouvée à Naxos. — *Pl. III.*

41. Homme drapé dans un manteau en peau de mouton; il tient des ciseaux et saisit un enfant par une jambe. Inscription : OVVΞE, *Oluxe* (Ulisse). Bon travail étrusque du IVe siècle. — Scarabée en cornaline. — Trouvé près de Tyndaris en Sicile. — *Pl. III.*

42. Adolescent nu, armé d'un instrument recourbé et retenant un porc par les pattes de derrière. C'est l'effigie fidèle d'un *obesus Etruscus*. Hachures sur les bords. IVe siècle. — Scarabée en cornaline. — *Pl. III.*

43. Scarabées étrusques. — 12 pièces. — *Pl. III.*

44. Homme saisissant un griffon par le cou et brandissant une arme pour tuer le monstre. La scène semble se passer au sommet d'une montagne rocheuse, entre deux massifs de plantes en fleur. Comparez le bas-relief en ivoire d'Enkomi, d'art mycénien. — Travail cypro-phénicien très caractéristique. — Scarabée en cornaline. — Trouvé en Chypre. — *Pl. III.*

45. Femme drapée et munie de quatre ailes, dont deux se redressent et deux s'inclinent. Derrière, un foudre; dessous, une fleur. Cachet gréco-phénicien, le sujet énigmatique, mais très intéressant. — Cornaline ovale perforée. — *Pl. III.*

46. Tête de Bacchus barbu et couronné de lierre. Travail grec du IVe siècle. — Chalcédoine blanche convexe. — *Pl. III.*

47. Femme conduisant un bige. — Fabrique italiote. — Sardoine blonde. — *Pl. IV.*

48. Minerve combattant un géant anguipède. Travail hellénistique, rappelant l'école de Pergame. — Améthyste. — Messine (Sicile). — *Pl. IV.*

49. Bacchante dansant, tenant un thyrse et levant la main droite. Le corps est d'un modelé très délicat, à peine couvert par une draperie légère et transparente, dont le mouvement anime toute la figurine. — Époque hellénistique. — Bague d'argent. — Trouvée près de Janina (Épire). — *Pl. IV*.

50. Bacchus barbu, en tunique longue, le thyrse et le canthare aux mains. Travail grec du IVe siècle. — Améthyste. — Naples. — *Pl. IV*.

51. Tête ceinte d'une bandelette et ressemblant à celle du *Diadoumenos*. Derrière, une cigale. — Travail grec, très fin, IVe siècle. — Onyx brun. — *Pl. IV*.

52. Buste d'Hygiée nourrissant un serpent; la déesse est drapée dans un chiton et coiffée d'un sakkos. — Travail hellénistique du IVe siècle. — Péridot. — Acheté à Rome. — *Pl. IV*.

53. Lion passant, regardant à gauche. Travail grec, très fin, exécuté vers l'an 200 avant notre ère. — Trouvé à Burnum (Kistanje en Dalmatie. — Sardoine. — *Pl. IV*.

54. Astronome grec, assis à droite; dessous, globe et compas. — Vente Montigny, n° 512. — Agate verte mousseuse. — *Pl. IV*.

55. Persée menant Pégase à l'abreuvoir; Pégase vient de faire jaillir la fontaine Hippocrène en frappant de son sabot le roc. Comparez le célèbre bas-relief hellénistique qui représente la même scène. — Onyx brun translucide. — Trouvé à Tarente. — *Pl. IV*.

56. Sphinx assis à droite, le buste et la tête de face. Bon travail grec de la décadence, mais la surface repolie. — Très belle sardoine rouge. — *Pl. IV*.

57. Génie du deuil (*Pothos*), ailé, assis à gauche sur la base d'un monument sépulcral et s'appuyant sur un flambeau renversé. C'était l'emblème de la mort, chez les anciens. Derrière le génie, une colonne sépulcrale à chapiteau corinthien, dont on distingue les feuilles d'acanthe; sur la colonne, une autre petite figure ailée debout et éteignant son flambeau. Cette dernière n'est qu'un décor de tombe. — Travail hellénistique d'une exquise beauté. — Bague d'or en fonte pleine. — Trouvée dans le Péloponèse. — *Pl. IV*.

58. Diomède assis à droite sur un autel festonné, l'épée à la main droite, le Palladium dans l'autre. Même type que celui de l'intaille de Dioscoride. Beau travail gréco-romain, le corps de Diomède supérieurement modelé. — Hyacinthe. — *Pl. IV.*

59. Portrait d'une dame romaine, ressemblant à Fulvie. — Chalcédoine brune. — *Pl. IV.*

60. Actéon attaqué par un chien; au premier plan, un temple sur une montagne rocheuse. — Cornaline. — Trouvée à Athènes. — *Pl. IV.*

61. Buste d'Esculape, tenant le bâton enlacé d'un serpent. Travail méticuleux, les cheveux et la barbe rendus avec le plus grand soin. Probablement de l'époque d'Auguste. — Publié dans Furtwängler, *Antike Gemmen*, t. II, 278. — Cornaline. — Trouvée en Grèce. — *Pl. V.*

62. — Les trois Sirènes. Travail gréco-romain du premier siècle avant notre ère. — Collection Mertens-Schaafhausen (King, *Antique Gems*, pl. IV, 14). — Améthyste. — *Pl. V.*

63. Ulysse attaché au mât de son navire en passant devant le rocher sur lequel perchent les trois Sirènes. Le navire est orné d'une tête de monstre et d'un dauphin. — Travail gréco-romain, très minutieux. — Voir Furtwängler, *Antike Gemmen*, t. II, L. 16. — Cornaline. — *Pl. V.*

64. Néréïde traversant la mer sur le dos d'un hippocampe; elle tient un thyrse et appuie sa main droite sur la tête d'un dauphin qui l'accompagne. — Travail gréco-romain, spirituellement traité. — Collection Morrison. — Sardoine dorée. — *Pl. V.*

65. Amour tenant un trident et traversant la mer sur un hippocampe. — Agate rubanée, trouvée à Aquileja. — Les veines ondulées de la pierre se prêtaient particulièrement au sujet choisi par le graveur. — *Pl. V.*

66. Hercule brandissant sa massue contre l'hydre de Lernes. — Collection Mertens-Schaafhausen (voir King, *Antique Gems*, pl. II, 1). — Sardoine. — *Pl. V.*

67. Hercule étouffant le lion de Némée. — Travail romain, la gravure vigoureuse et très profonde. — Sardoine rouge. — *Pl. V.*

68. Truie ailée, avec nom d'artiste ΑΥΛΟΥ moderne. Belle gravure. — Sardoine convexe montée dans une bague en or. — *Pl. V.*

69. Têtes conjuguées d'Ammon et de Libya. Style des monnaies de Cyrénaïque (vers l'an 300 avant notre ère). — Sardoine. — *Pl. V.*

70. Marsyas ou Silène, couronné de lierre, assis sur un rocher et tenant à chaque main une flûte. A gauche, une seconde paire de flûtes, et aux pieds de Silène, un osselet. Voir le n° 6823 du Musée de Berlin et Overbeck, *Kunstmythologie*, t. III, 472, 2. — Bon travail du IVe siècle. — Cornaline. — *Pl. V.*

71. Buste de Méduse, les cheveux bouclés, mais transformés en serpentaux. Une réplique plus grande et taillée dans une pierre similaire porte le nom du graveur Solon. Très beau travail, à la fois vigoureux et soigné ; les serpents tordus, enlacés et ouvrant leurs gueules, sont même mieux traités que dans le chef-d'œuvre de Solon. — Chalcédoine blanche, finement pointillée, montée dans une bague en or. — *Pl. V.*

72. Buste d'une Fortune de Ville, voilée et coiffée d'une couronne murale. Elle rappelle la statue d'Antioche, œuvre d'Eutychidès, un des disciples de Lysippe. — Beau travail grec du IIIe siècle. — Collections Bessborough et Marlborough (*Catalogue de vente*, n° 69). — Sardoine rouge, montée, avec beaucoup de goût, dans un anneau d'or avec médaillon renfermant une empreinte. — *Pl. V.*

73. Diane d'Éphèse, les bras parés de bandelettes. Travail grec de la décadence. — Grenat. — Trouvée à Smyrne. — *Pl. V.*

74. Trois Corybantes frappant sur leurs boucliers et dansant autour d'une femme à demi-prosternée. A droite, un vase renversé. — Travail très fin. — Sardoine rouge luisante. — *Pl. V.*

75. Persée tenant la tête de Méduse et regardant son bouclier où cette tête se reflète. Beau travail hellénistique. — Sardoine dorée. — *Pl. V.*

76. Danaé, couchée sur un lit et recevant la pluie d'or; dans le haut, Jupiter assis. Le dieu est coiffé d'un boisseau, comme Sérapis, et l'aigle est près de lui. Sujet très rare. — Cornaline. — *Pl. V.*

77. Jupiter Sérapis, assis de face sur un trône; à ses côtés, un aigle et une femme debout tenant un sceptre. — Sardoine dorée, venant d'Alexandrie. — *Pl. V.*

78. Terme barbu et coiffé d'une couronne de feuilles. — IVe siècle. — Belle sardoine. — *Pl. V.*

79. Hercule combattant une Amazone. Celle-ci, un genou en terre, lève sa pelte pour amortir un coup de massue. Hercule tient un arc dans sa main gauche. La scène rappelle un bas-relief du Mausolée et constate l'influence que l'école de Scopas exerçait sur la glyptique. — Cornaline, légèrement convexe. — Trouvée à Athènes. — *Pl. V.*

80. Diane d'Éphèse, le *polos* à deux pointes, la tête nimbée. A terre, de chaque côté de l'idole, un roc : au-dessus de chaque bras, un oiseau, et dans le champ, deux comètes. Ces curieux détails ne se sont pas encore rencontrés ailleurs. — Sardoine dorée, fendue et en partie refaite en or. — *Pl. VI.*

81. Tête de Livie ou de Cérès, voilée et coiffée d'épis. Belle intaille du premier siècle de l'Empire. — Collection Marlborough. — Grenat. — *Pl. VI.*

82. Masque scénique de femme. Bon travail romain du premier siècle avant notre ère. — Cornaline. — Trouvée à Rome. — *Pl. VI.*

83. Têtes conjuguées de Silène et d'un jeune Satyre. — Cornaline. — Trouvée à Salona (Dalmatie). — *Pl. VI.*

84. Amour cachant sa tête derrière un masque tragique. — Sardoine rouge. — *Pl. VI.*

85. Guerrier assis devant un trophée formé d'un bouclier rond, d'un pectoral de cuirasse, d'un casque à aigrette et de deux javelots. Derrière, deux jambières. Travail romain du premier siècle avant notre ère. — Cornaline. — Trouvée à Rome. — *Pl. VI.*

86. Armurier assis à droite et martelant un casque qui repose sur un trépied. Dans le champ, ME LVCVL. — Premier siècle avant notre ère. — Cornaline. — *Pl. VI.*

87. Mercure appuyé sur une colonne et tenant le caducée. Il est coiffé d'une couronne de feuilles et porte sa chlamyde enroulée autour du bras. Dans le champ, CKYΛΑΚΟ (légende du XVIIIe siècle). — Beau travail hellénistique. — Grenat. — Acheté à Palerme. — *Pl. VI.*

88. — Éros et Anteros dans la palestre, le premier victorieux et tenant une palme. — Joli travail gréco-romain. — Sardoine blonde. — *Pl. VI.*

89. Amour arbitre dans un combat de coqs; il tient une palme au-dessus de l'un des combattants. — Travail gréco-romain, spirituel et très soigné. — Sardoine blonde. — *Pl. VI.*

90. Éros et Anteros luttant devant un Terme barbu; derrière, l'arbitre du combat. — Cornaline. — *Pl. VI.*

91. Hygiée ailée, debout à droite, tenant une patère et nourrissant un serpent. Travail italo-grec, très caractéristique (vers l'an 100 avant notre ère). — Onyx. — Acheté à Naples. — *Pl. VI.*

92. Énée conduisant par la main le jeune Ascagne et portant sur l'épaule le vieil Anchise qui tient les Pénates. — Bon travail romain. — Sardoine dorée. — *Pl. VI.*

93. Victoire immolant un taureau, réplique de l'intaille Carlisle, qui porte la signature de Sostratos. — Travail microscopique d'une beauté exquise : véritable tour de force de la gravure sur pierre. — Ancienne collection Morrison. — Sardoine dorée. — *Pl. VI.*

94. Lutte entre un Triton et une Tritonide. La femelle prend le mâle par les cheveux et le bras. Sous le groupe, une ligne ondulée figurant la mer. Hachures autour du bord. Exemple rare d'un scarabée étrusque portant une belle gravure gréco-romaine de l'époque d'Auguste. — Onyx, venant de Florence. — *Pl. VI.*

95. Prométhée assis à droite et façonnant un squelette humain. — Travail romain du premier siècle avant notre ère. — Cornaline. — *Pl. VI.*

96. Grylle. Paon formé d'un masque de Silène, d'un limaçon et d'un serpent. — Sardoine brune. — Trouvée à Rome. — *Pl. VI.*

97. Cornaline perforée, munie d'un fil d'or antique. A l'avers, Jupiter Sérapis debout, tenant le sceptre, et, en face, une autre figure armée du sceptre et avançant sa main droite vers le dieu. Entre eux, un autel allumé. Au revers, Mercure et la Fortune debout. — Trouvée à Elyros (Crète). — *Pl. VI.*

98. Buste de femme ailée et drapée, la main gauche levée et tenant deux épis de blé. — Travail hellénistique de basse époque, presque tout entier exécuté à la roue. — Cornaline blonde. — *Pl. VII.*

99. Amour debout, jouant de la lyre; il est posé de trois quarts, son manteau flotte au gré du vent. — Travail gréco-romain, très gracieux. — Sardoine. — *Pl. VII.*

100. Femme nue (Vénus?) debout, déployant sa tunique derrière elle. Dans le champ : ATY·C·PE· — Nicolo. — *Pl. VII.*

101. Hercule désarmé et subjugué par l'Amour qui lui est monté sur l'épaule. Le graveur se sera inspiré d'un original de Lysippe. Beaucoup de poètes de l'Anthologie grecque traitent le même sujet. Travail hellénistique, très ferme. Sous le bras d'Hercule, on voit le monogramme chrétien, ajouté par le possesseur de la pierre, dans les commencements du Christianisme, pour transformer le héros en un saint Christophe. Ce détail donne un intérêt particulier à la gemme, qui vient de la collection Hamilton. — Sardoine brun foncé, le bas brisé et refait en or. — *Pl. VII.*

102. Héros nu, debout, coiffé d'un casque, le manteau enroulé autour du bras gauche. Il tient une lance à la main droite, dans l'autre, un parazonium. A ses pieds, un bouclier rond, orné d'une étoile. — Gravure italienne, profonde, du premier siècle avant notre ère. — Cornaline. — Trouvée à Zara (l'ancienne Iadera), en Dalmatie. — *Pl. VII.*

103. Couronne de roses, renfermant le mot EVGENI; dessous, CIFF· — Améthyste, achetée à Rome. — *Pl. VII.*

104. Deux héros tirant des sorts d'une urne; derrière, une seconde urne, placée sur une colonne (sépulcrale?). Autrefois, on voyait dans ce sujet le partage du Péloponèse par les Héraclides, mais consultez Furtwängler, *Antike Gemmen*, t. II, 110, nº 47. — Bon travail italien de l'époque qui suit immédiatement celle des derniers scarabées. — Onyx. — Brisure dans le bas, sans nuire aux figures. — *Pl. VII.*

105. Jeune héros, traînant un captif nu vers une stèle funéraire, surmontée d'un sphinx. Près du monument, une lance, un bouclier et un casque. Le sujet représente probablement Achille, immolant un captif sur la tombe de Patrocle (voir Furtwängler, *l. c.*, t. II, 106, nº 55, qui cite une pâte analogue du Musée de Berlin). — Pâte verte. — Trouvée à Rome. — *Pl. VII.*

106. Buste de femme diadémée, vu de trois quarts. Autour : **CONGES-TVS**. — Sardoine sertie dans une bague d'or moderne. — Trouvée à Rome. — *Pl. VII.*

107. *Bonus Eventus*, ou Génie, tenant une corne d'abondance, et Cérès, appuyée sur une colonnette et tenant des épis et des pavots. Sujet d'une bague de mariage romaine. — Nicolo. — *Pl. VII.*

108. Satyre jeune, assis sur une nébride et tenant la double flûte. Gemme exquise de la basse époque grecque, le corps du Satyre admirablement modelé. — Ancienne collection Short. — Améthyste. — *Pl. VII.*

109. Figurine radiée (Elagabal?), tenant une corne d'abondance et une patère pour faire une libation sur un autel allumé. Dans le champ : **TI-SF**. — Cornaline. — Trouvée en Dalmatie. — *Pl. VII.*

110. Jupiter assis sur un trône, et tenant le sceptre et le foudre. Dans le champ : **CA** ; autour des bords, **HESPERO VITA**. — Onyx. — Acheté à Rome. — *Pl. VII.*

111. Tête d'homme à droite, à barbe courte; derrière, **CVRSOR**. C'est un bon portrait romain. La gemme peut avoir appartenu à un membre de la famille Papiria; en ce cas, nous aurions ici le portrait du dictateur L. Papirius Cursor. — Onyx. — Trouvée à Rome. — *Pl. VII.*

112. Tête de l'Afrique, coiffée d'une dépouille d'éléphant. — Premier siècle avant notre ère. — Sardoine brune. — *Pl. VII.*

113. Bustes géminés d'un jeune homme et d'une jeune femme, à peu près de l'époque des Antonins. Dans le haut, une étoile; au-dessous, un serpent; derrière chaque tête, un épi de blé; entre elles, **ΠΟΡΙ**. — *Pl. VIII.*

114. Amour portant une couronne de feuilles sur l'épaule. — Travail gréco-romain. — Petit camée en onyx. — *Pl. XI.*

115. Génie du deuil (*Pothos*), s'appuyant sur un flambeau renversé. — Camée en onyx. — *Pl. XI.*

116. Tête de jeune homme, probablement de Drusus, en haut-relief. — Camée en onyx, le revers repoli. Trouvé à Ragusa Vecchia (l'ancienne Epitaurum) en Dalmatie, et remonté par un bijoutier de cette ville. — *Pl. XI.*

117. Rapt de Ganymède. Le jeune homme s'accroche à l'aile gauche de l'aigle, qui va prendre son vol et dont l'une des pattes est encore posée sur le rocher. Variante inédite de ce sujet célèbre. — Travail gréco-romain, très original. — Sardoine. — Trouvée en Asie-Mineure. — *Pl. VIII.*

118. Minerve debout, tenant une lance et une branchette d'olivier; à ses pieds, à gauche, un serpent. — Grenat, venant de Catane (Sicile). — *Pl. VIII.*

119. Tête de Méduse endormie, à gauche, les paupières closes; de petits serpents lui enlacent le cou et se redressent au-dessus du front; les ailes qu'elle porte aux tempes, comme Hypnos, sont baissées. — Très beau travail. — Cristal de roche, monté dans une bague d'or émaillé, moderne. — La surface de la pierre a toutes les apparences d'une intaille antique. — *Pl. VIII.*

120. Masque de Méduse, les cheveux transformés en serpents. — La pierre a été décrite par King (*Antique Gems*, t. II, 79, n. 17) comme un ouvrage de la plus haute valeur, bien que le style nous conseille

de l'attribuer à l'Empire romain. — Collection Mertens-Schaaffhausen. — Almandine, sertie dans une bague d'or en fonte pleine. — *Pl. VIII.*

121. Deux Amours et deux enfants hissant les voiles d'un navire façonné en coquille. Dans le haut, un oiseau au vol, tenant une branchette au bec. — Cornaline. — *Pl. VIII.*

122. Intailles variées (Mercure, etc.), 6 pièces. — *Pl. VIII.*

123. Jupiter Sérapis. — *Pl. VIII.*

124. Intailles variées, 30 pièces. — *Pl. IX.*

125. Achille soutenant la reine Penthésilée blessée; il dépose sa lance et prend l'amazone par le bras; celle-ci est encore armée d'une pelte, et à l'arrière-plan on voit son cheval. Variante hellénistique de la peinture de Panainos qui ornait la barrière entourant la statue de Jupiter d'Olympie. L'élément pittoresque de la composition est très marqué, et la figure de la reine a une grâce presque sentimentale. — Bonne intaille grecque du IIe siècle avant notre ère. — Collection Hamilton Gray à Rome. — Péridot. — *Pl. IX.*

126. Silène tenant l'enfant Bacchus qui boit dans une coupe. Dans le champ, CΘ PIR F. — Trouvé à Rome. — Jaspe n[illegible]. — *Pl. IX.*

127. Triquetre avec un masque imberbe au centre, épi et pavot dans le champ. C'est l'emblème de la Sicile. — Travail italique, à peu près du premier siècle avant notre ère. — Cornaline. — *Pl. IX.*

128. Amour à la pêche. Il est assis sur un rocher et porte un panier au bras droit; sa main gauche tient la ligne à pêcher; déjà un poisson a mordu à l'hameçon. Bon travail gréco-romain. Le même sujet a servi de signature au graveur italien P. M. da Pescia sur le cachet de Michelange. — Sardoine. — *Pl. IX.*

129. Amour appuyé sur un bâton et tenant un masque comique. — Grenat serti dans une bague romaine en or. — Trouvé à Risano (*Risinium*) de Dalmatie. — *Pl. IX.*

130. Divinité gréco-égyptienne composée de Mercure et de Thoth. La figure est vêtue d'une chlamyde, porte une coiffure égyptienne ornée de cornes, et tient le caducée et un ibis. Un sphinx est à ses pieds. Dans le champ, les lettres ΑΤΣ. — Jaspe rouge. — *Pl. IX.*

131. Tête juvénile radiée (du Soleil); sous le col, un croissant. Style des monnaies des rois Séleucides du IIe siècle avant notre ère. — Sardoine dorée. — Trouvée à Salona (Dalmatie). — *Pl. IX.*

132. — Aigle éployée debout sur un foudre, le corps façonné en masque d'enfant. Légende : ΔΙΔΑC. — Onyx, venant de Naples. — *Pl. IX.*

133. Figure bachique, tenant un flambeau allumé et marchant vite, sa pardalide flottant au gré du vent. Elle porte sur l'épaule un Silène qui tient une coupe. Ouvrage hellénistique, très animé. — Trouvé dans le théâtre de Délos. — Sardoine brune convexe. — *Pl. IX.*

134. Hercule entraînant Cerbère pour le sortir de l'Hadès; derrière lui on voit tomber sa massue. Le camée de Dioscoride représente une variante moins ancienne de ce sujet. — Sardoine rouge, très belle. — *Pl. IX.*

135. L'Hercule *Farnèse* de Glycon. — Bonne gravure. — Cornaline. — *Pl. IX.*

136. Diane sur un cerf; elle vient de lancer une flèche et regarde en arrière si le coup a porté. — Grenat. — *Pl. IX.*

137. Deux adolescents armés, observant le vol des oiseaux. A l'arrière-plan, la louve et les jumeaux, Faustulus et le figuier ruminal. — Cornaline, venant de Rome. — *Pl. IX.*

138. Grande intaille ayant probablement fait partie du décor d'un reliquaire. Elle représente le Christ bénissant et tenant un livre ouvert. Sa tête est accostée des sigles $\overline{\text{IC}}$ $\overline{\text{XC}}$. — Style byzantin. — Améthyste achetée à Ravenne, et peut-être gravée dans cette ville. — Haut. : 88 millim. ; larg. : 40 millim. — *Pl. X.*

139. Main pinçant une oreille (symbole du souvenir) : autour, un entrelacs ou une bandelette nouée comme celles de Delphes. Inscription : **ΜΝΗΜΟΝΕΥΕ ΜΟΥ ΤΗϹ ΚΑΛΗϹ ΨΥΧΗϹ ΕΥΤΥΧΙ ϹѠΦΡΟΝΙΕ** (*Souviens-toi de la belle âme que je suis. Sois heureux Sophronios*). — Première époque byzantine. — Collection Marlborough. — Camée en onyx, le relief très plat. — *Pl. X.*

140. Buste imberbe diadémé, en costume militaire, évidemment un portrait. — Bon travail italien du Quattrocento. — Camée en cornaline, venant de Pola (Istrie). — *Pl. XI.*

141. Buste de Lucius Verus, d'une finesse remarquable. — Camée du Cinquecento, en agatonyx (blanc opaque sur blanc transparent). — *Pl. XI.*

142. Tête barbue et laurée, vue de trois quarts. Beau camée de la Renaissance, dans le style de Baccio Bandinelli. — Sardonyx à trois couches. — Acheté à Udine. — *Pl. XI.*

143. Tête laurée de Jules César. — Bon travail de la fin du Cinquecento. — Acheté à Ancône. — *Pl. XI.*

144. Thésée appuyé sur sa massue et regardant le Minotaure, dont le corps se penche hors d'une des fenêtres du labyrinthe. Copie de l'intaille sur sardonyx par Philémon (au Musée de Vienne). Ce ravissant petit camée a fait partie de la collection Marlborough, où l'on ignorait le nom de l'artiste. Deux lettres microscopiques, ΙΠ, tracées sur une pierre de la base de l'édifice, nous donnent la signature de Jean Pichler. — Camée en onyx blanc porcelaine sur une couche gris bleuâtre, monté dans une bague en or (moderne). — *Pl. XI.*

BRONZE

TERRE CUITE, MARBRE

145. Figurine en bronze, représentant un jeune garçon nu, légèrement penché en avant. Le geste de ses bras indique qu'il tenait quelque chose. Dans l'œil droit, on voit les traces d'une incrustation d'argent; le bas de la jambe gauche est restauré. — Travail gréco-romain.— Ce bronze a été trouvé, vers 1880, à Ljubushki en Herzégovine. — Haut., 155 millim. — *Pl. XII.*

146. Terre cuite de Tanagra. — Jeune fille drapée, tenant son éventail. Son bras gauche s'accoude sur un cippe. — Très beau style. — Il ne manque qu'un morceau de la base. — *Pl. XIII.*

147. Terre cuite d'Érétria. — Jeune mère debout, vêtue d'un chiton et d'un manteau, et portant dans son bras gauche un enfant qu'elle regarde avec tendresse. Ses cheveux, entourés d'une bandelette, retombent sur ses épaules. C'est un groupe plein de sentiment et de grâce, et en même temps un très bon échantillon des produits de la fabrique d'Érétria qui se distingue par la solidité de sa pâte. — Conservation parfaite, sauf quelques incrustations calcaires; il n'y a qu'une petite lésion au pied droit de la femme. — *Pl. XIV.*

148. Marbre blanc. — Tête de Vénus (?), les cheveux ramenés du front en arrière, en tresses ondulées, et noués sur la nuque. — Belle sculpture, à peu près de l'an 400 avant notre ère, et dans un état de conservation qui ne laisse rien à désirer. — Trouvée à Athènes. — *Pl. XV.*

149. Marbre blanc, veiné de gris. — Tête de nymphe (?). Les cheveux, coiffés d'une *sphendoné*, sont traités avec une rare délicatesse. Le type rappelle certaines monnaies de Grande-Grèce et de Sicile, frappées à la fin du ve et au commencement du ive siècle. — Le bout du nez est restauré. — Trouvée aux environs de Cumes (Italie). — *Pl. XVI.*

PL. I

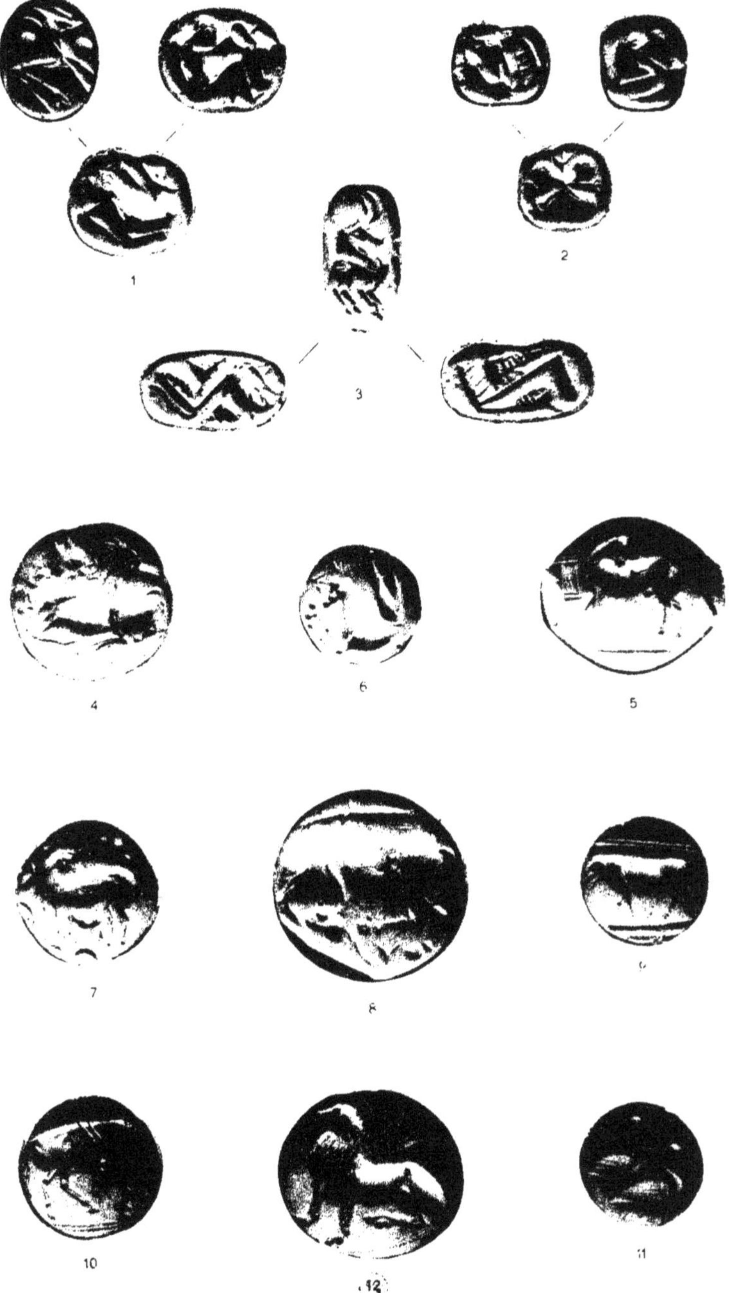

PL. II

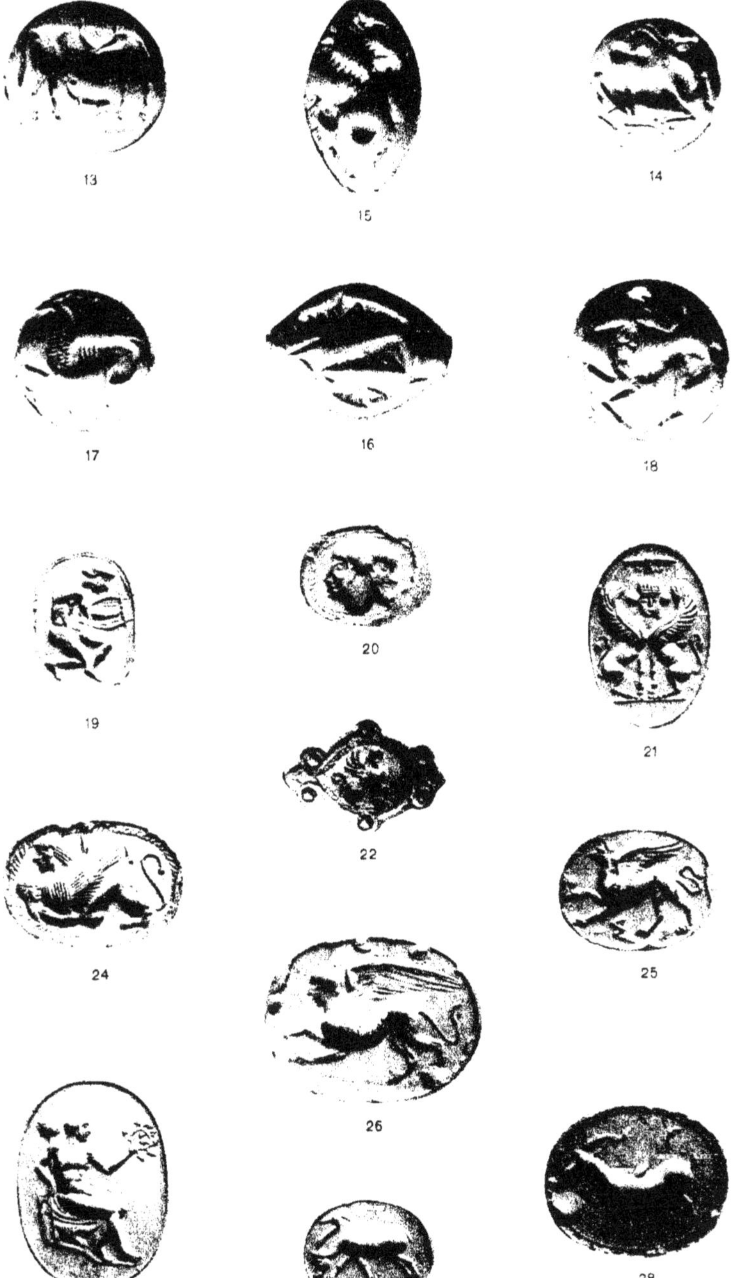

PL. III

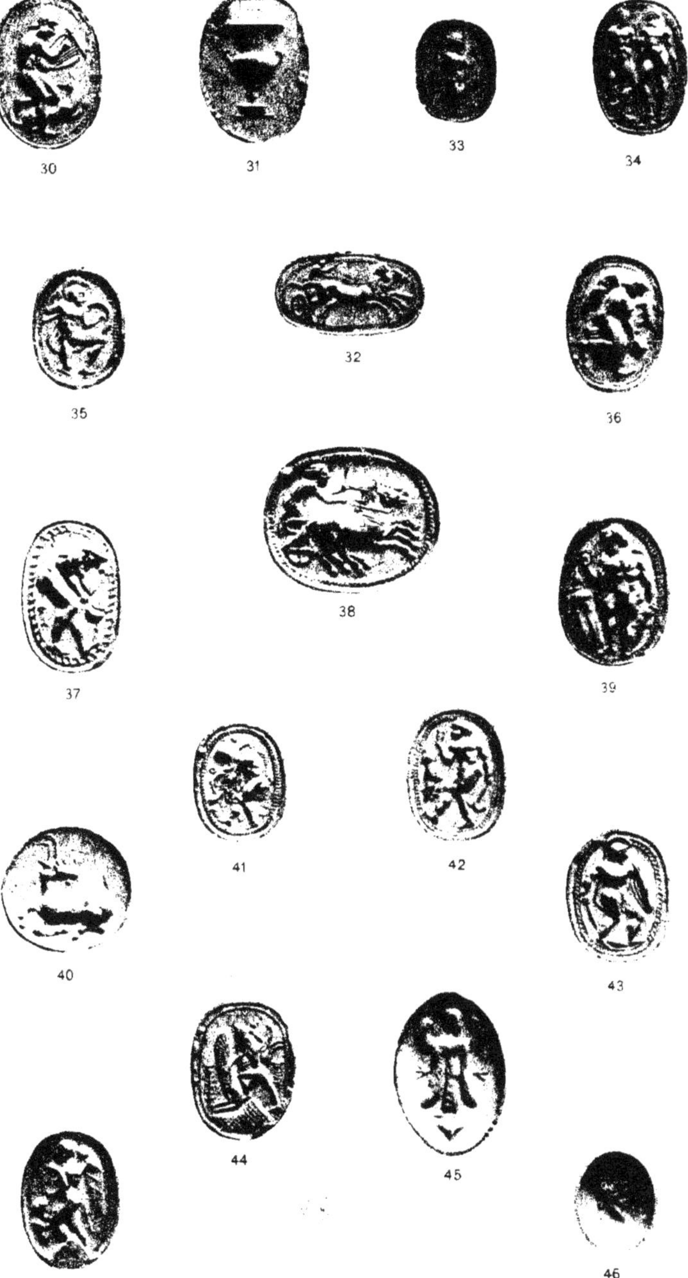

PL. IV

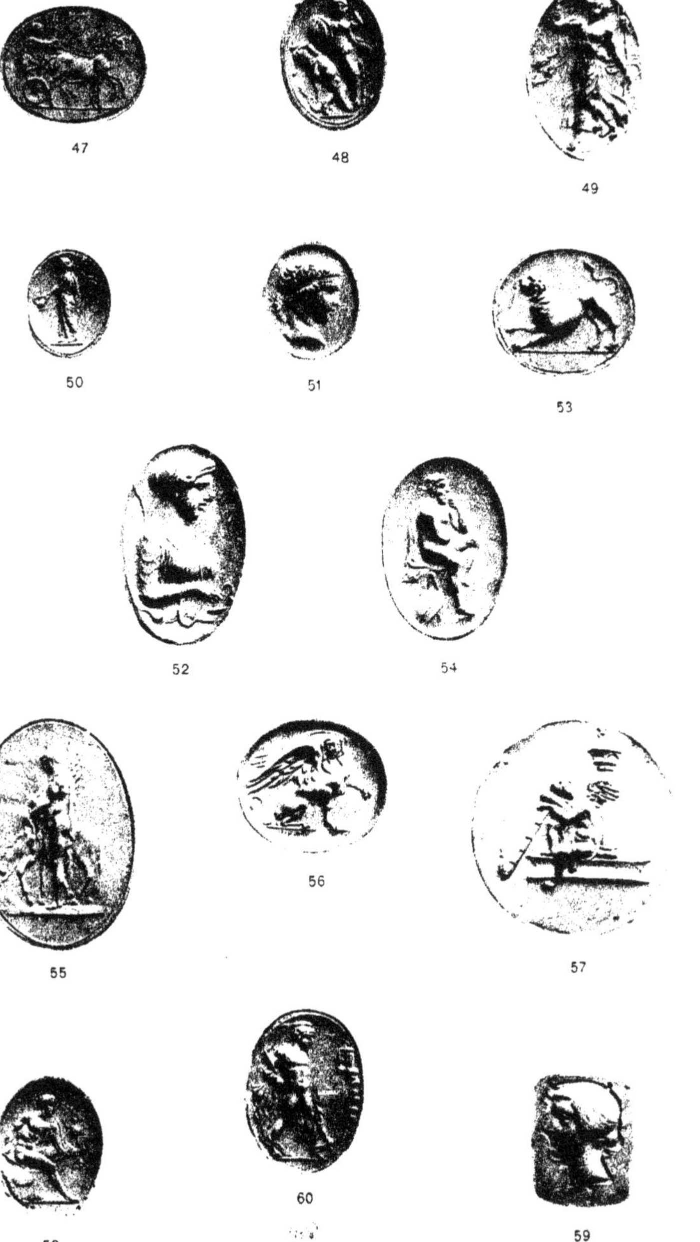

47 48 49

50 51 53

52 54

55 56 57

58 60 59

PL. V

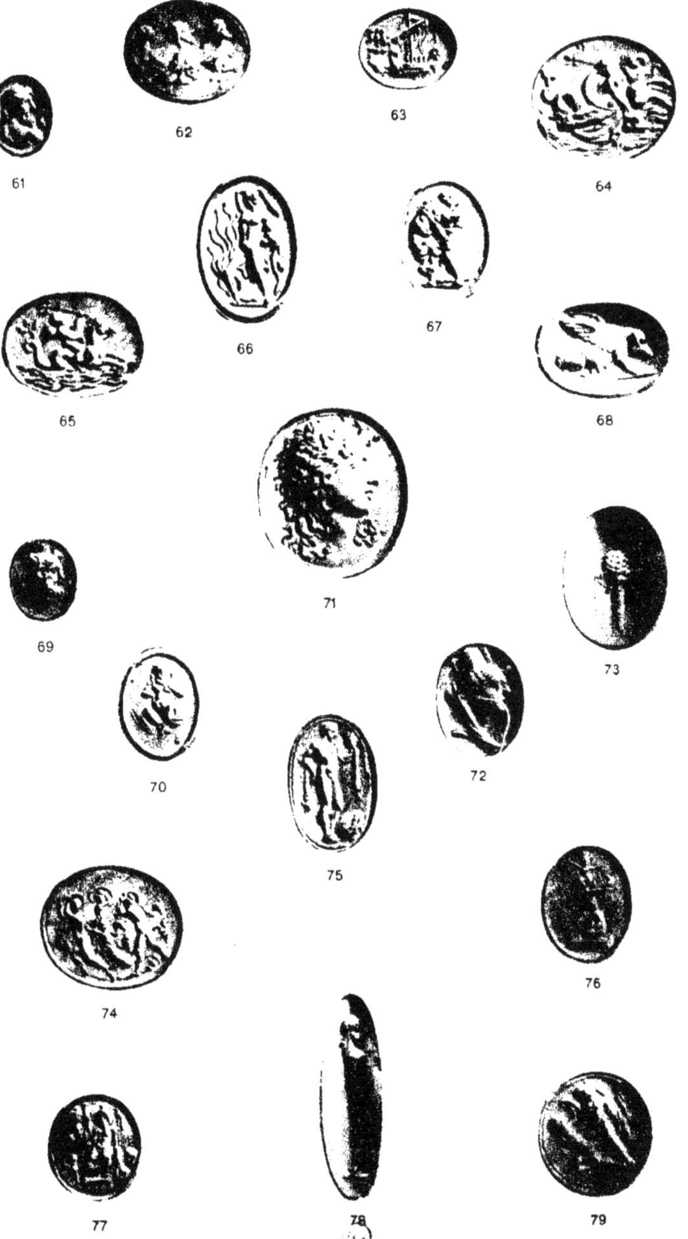

PL. VI

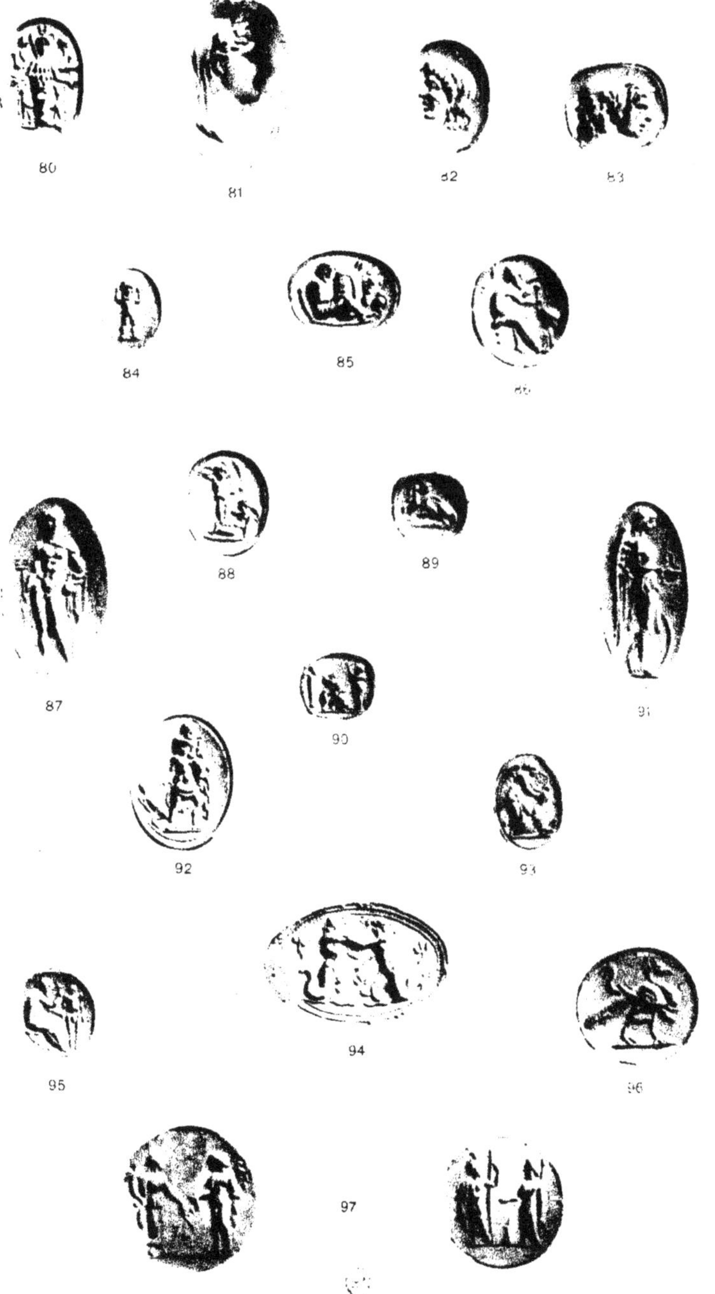

80 81 82 83 84 85 86 87 88 89 90 91 92 93 94 95 96 97

PL. VII

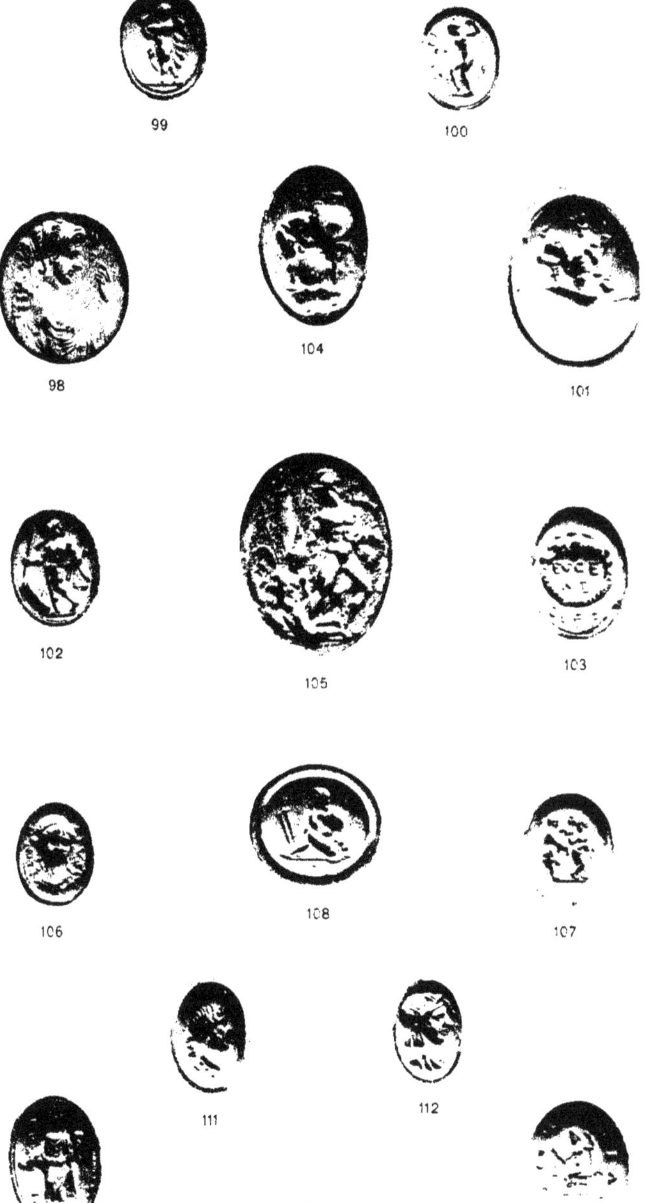

PL. VIII

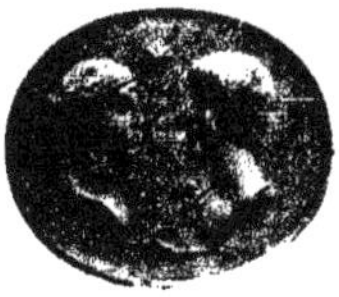

113

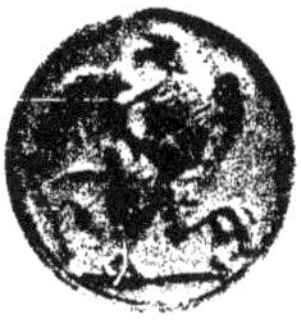

117

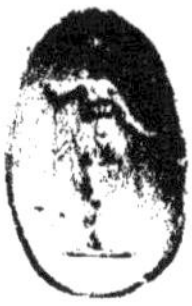

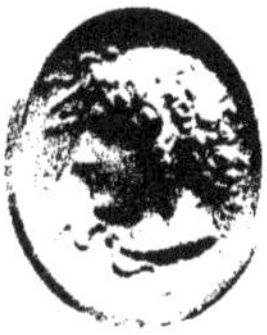

119

118

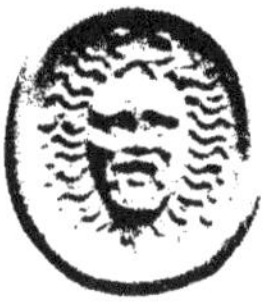

120

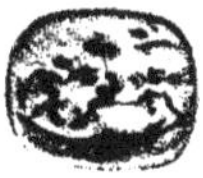

121

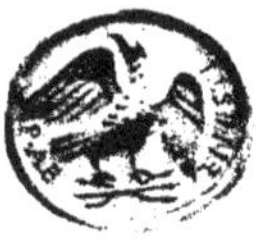

122

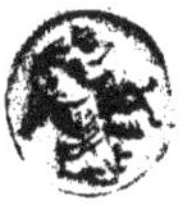

122

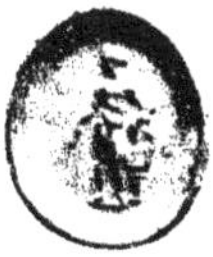

122

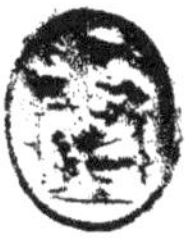

122

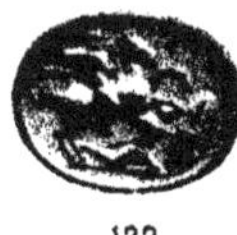

122

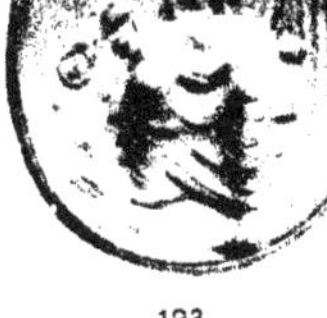

123

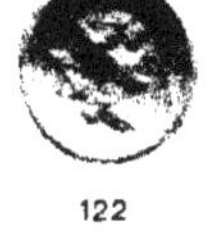

122

PL. IX

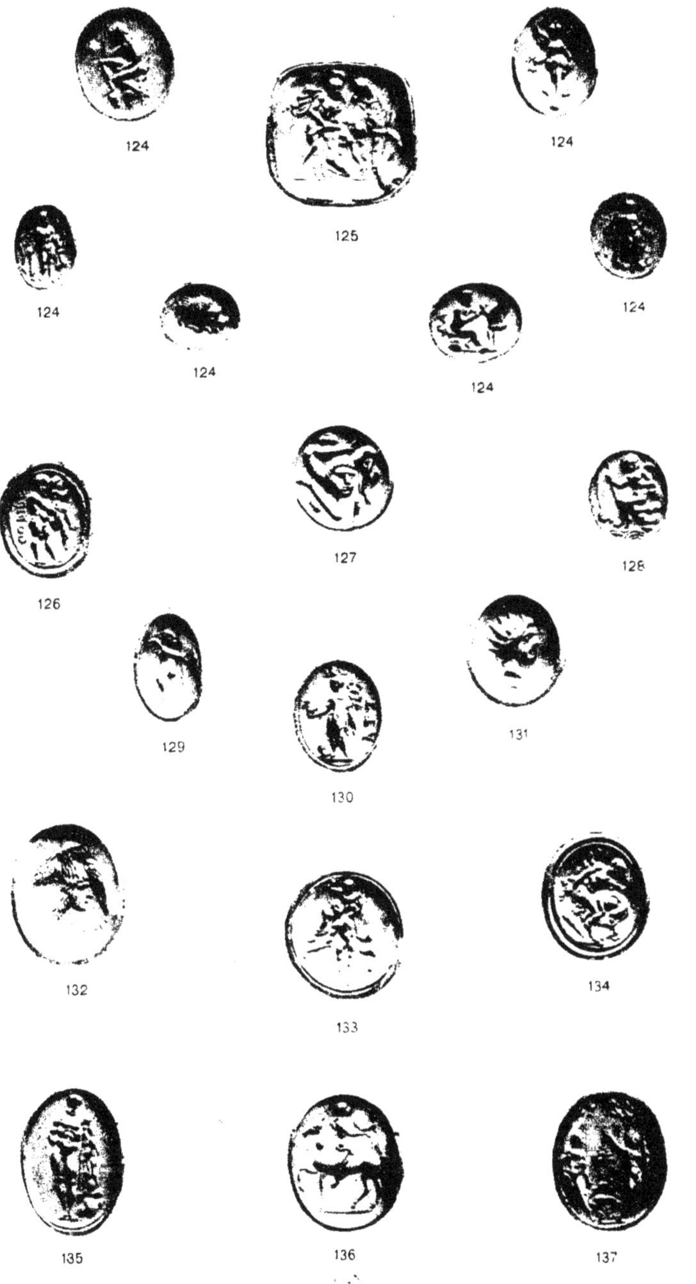

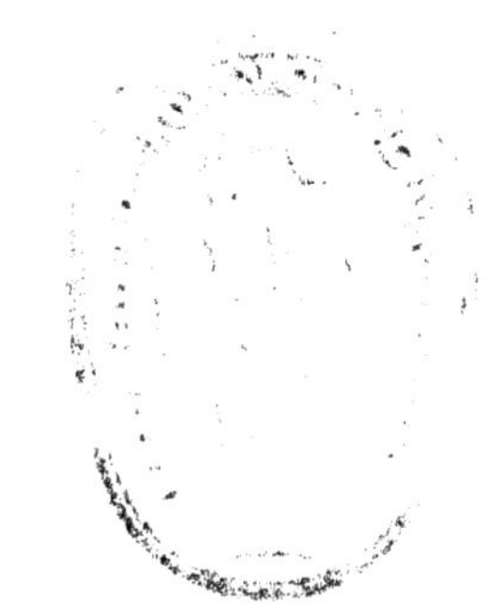

124
125
124
124
124
124
124
126
127
128
129
130
131
132
133
134
135
136
137

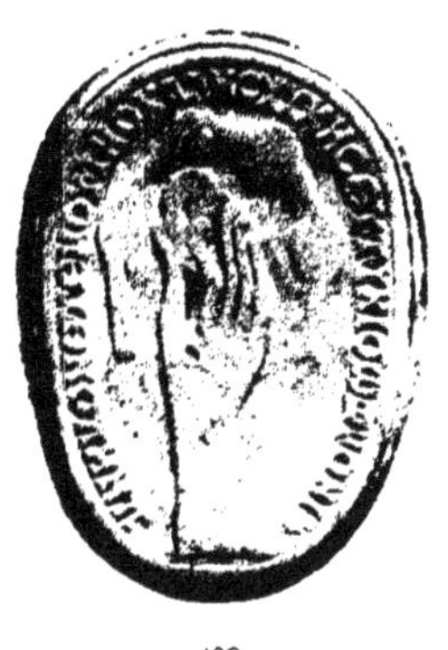

139

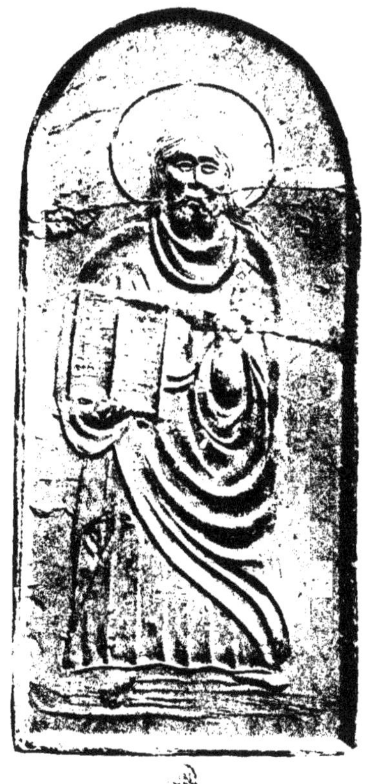

138

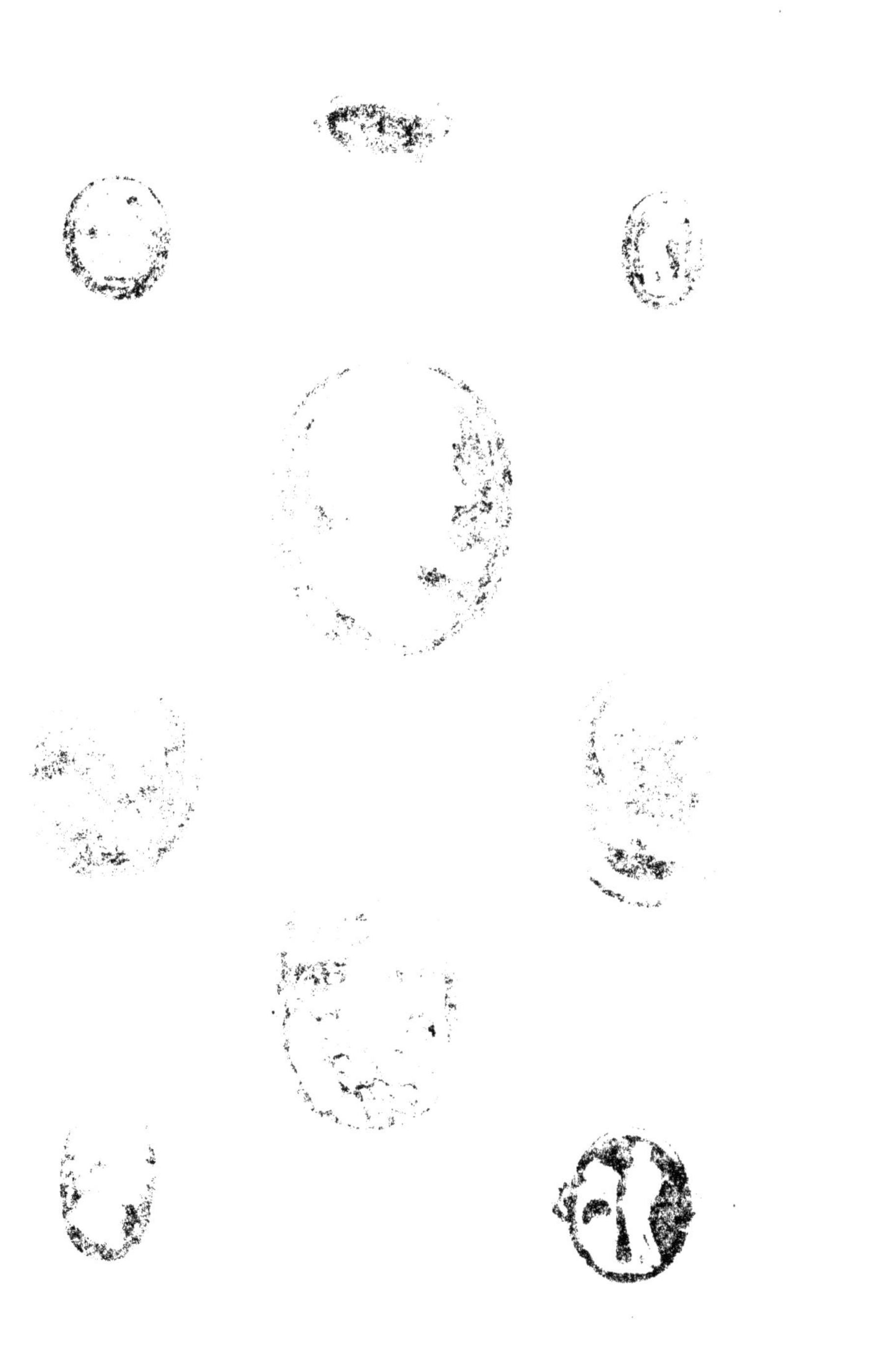

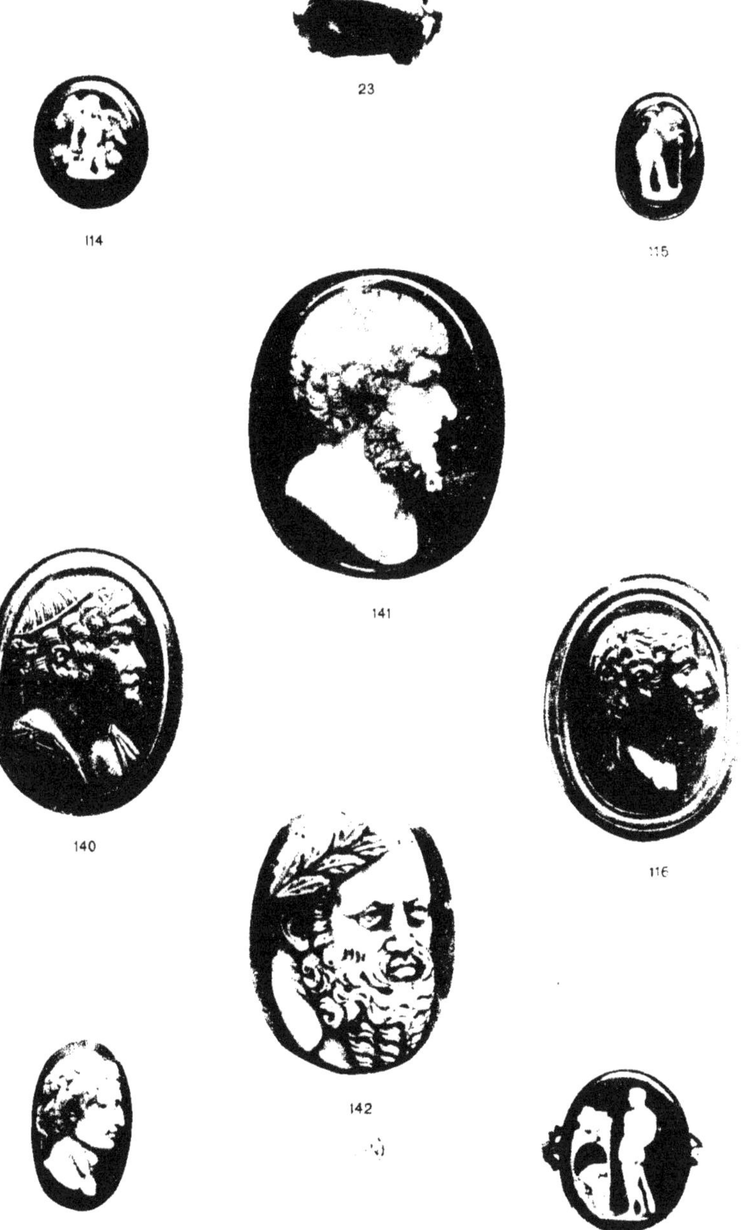

23

114

115

141

140

116

142

143

144

PL. XII

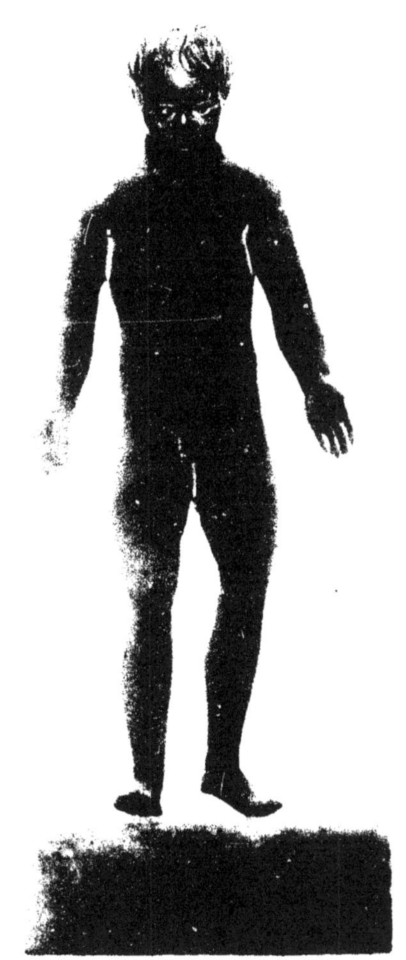

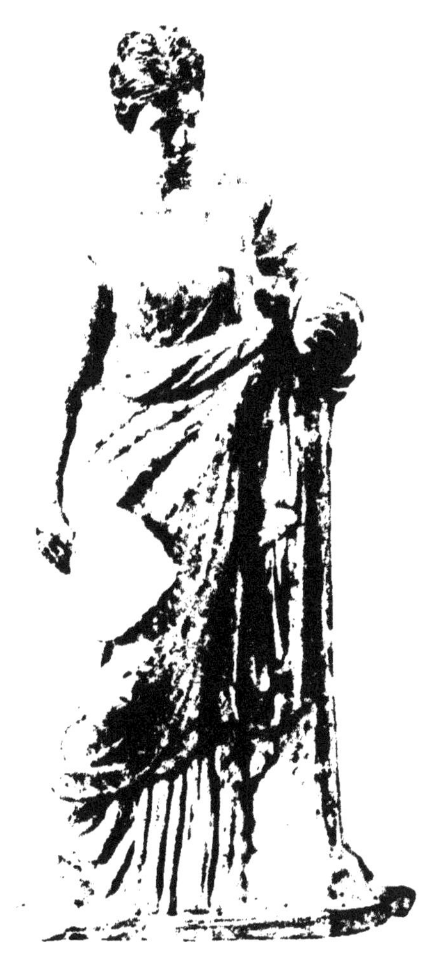

PL. XIV

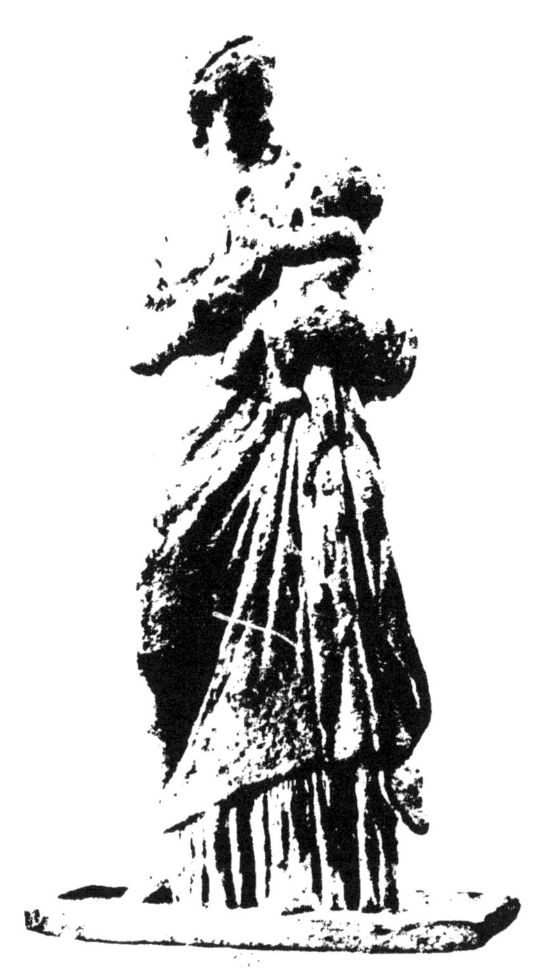

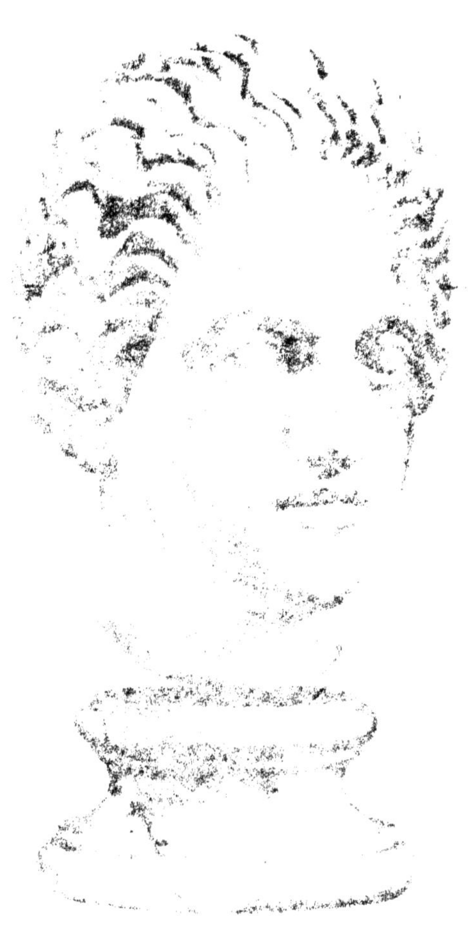

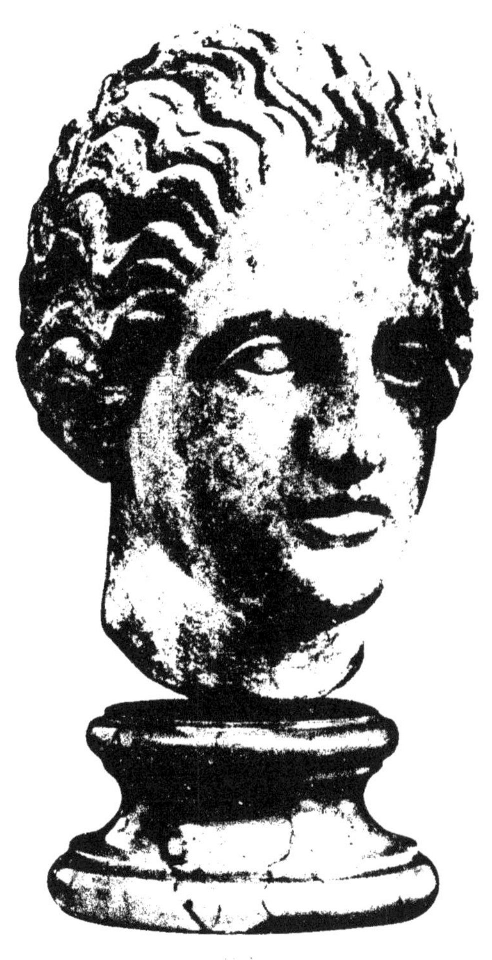

PL. XVI

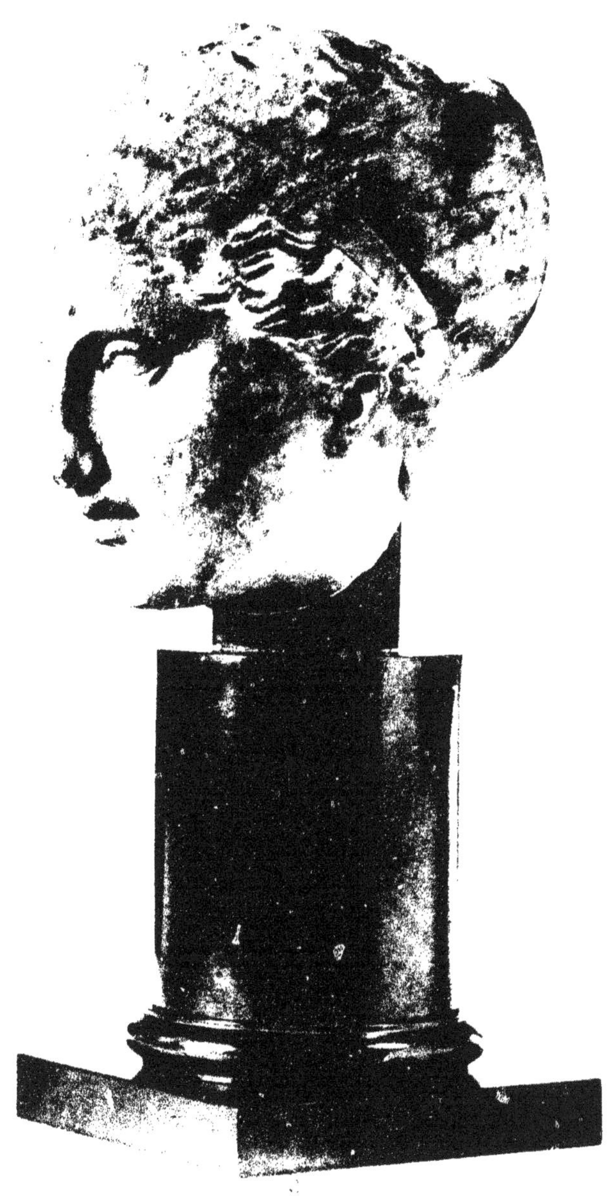

www.ingramcontent.com/pod-product-compliance
Ingram Content Group UK Ltd.
Pitfield, Milton Keynes, MK11 3LW, UK
UKHW020345180726
13839UKWH00002B/933